Patrick S. Zappe

Authentisch

Ein Gedichtband

Bibliografische Information der Deutschen Nationalbibliothek
Die Deutsche Nationalbibliothek verzeichnet diese Publikation in der
Deutschen Nationalbibliografie; detaillierte bibliografische Daten sind
im Internet über http://dnb.d-nb.de abrufbar.

© 2016 Patrick S. Zappe
Herstellung und Verlag: BoD - Books on Demand,
Norderstedt
ISBN 9-783734-770647

Für meinen Vater – den authentischsten
Menschen, den ich kannte.
Für meine geliebte Frau – die mir hilft,
authentisch zu bleiben.

Inhalt:

Titel	Seite

Allein

Es ist nun grad zwei Tage her
Da war mein Herz noch nicht so schwer
Und freut' sich über die Maßen sehr
An dem Glück, das es umgab

Es hatte Liebe und Freude zugleich
Ein Gefühl, das ist gar ohn' Vergleich
So schön wie Leben im Himmelreich
Und so fern von dem Grab

Jetzt jedoch ist mein Herz nicht hier
Sondern weilt stets immerfort bei dir
Ich vermisse dich und deine Zier
Und die Liebe, die du mir schenkst

Die Stunden scheinen zu langsam zu rinnen
Ich werd' lieber nicht mit zählen beginnen
Ich muss mich ganz darauf besinnen
Dass du stets an mich denkst

12.02.2007

Alle Jahre wi(e)der

Alle Jahre wieder
Senkt das Haupt sich nieder
Singt mancher lust'ge Lieder
Und and'rer glaubt es kaum

Dass schon ein Jahr vergangen
Und doch ist man gefangen
In einsamem Verlangen
Es bleibt nur Gischt und Schaum

Die Jahre werden härter
Das Leben wie im Kerker
Mit gnadenlosem Wärter
Sein Name lautet Zeit

Wo sind sie nur geblieben
Die Jahre, all die lieben
Fröhlichkeit – vertrieben
Und doch noch nicht bereit

Das Leben zu bestreiten
Mich selbst schon anzuleiten
Meiner Familie beizeiten
Ein schönes Heim zu bieten

Nichts will mir wohl gelingen
Ich muss die Zeit verbringen
Mit stumpfen, hohlen Dingen
Die Schmerzen mir gebieten

Zum Feiern ist kein Tag
Er nicht zu helfen vermag
So ging es Schlag auf Schlag
Dies triste, graue Jahr

Das stete Auf und Ab
Hielt mich wohl auf Trab
Doch machte es mich schlapp
In meiner Seele, fürwahr!

Und nichts kann ich noch schauen
Auf nichts mehr kann ich bauen
Auf wen schon noch vertrauen
Im Jahr, das nun begann?

Wer kann sie mir denn geben
Zurück vom alten Leben
Vom ungenutzten Streben
Die Zeit, die mir verrann?

25.10.2015

Chrom

Das denkst du, schön ist es schon
Das denkst du, da träum ich von
Das denkst du, das hätt ich gern
Das weißt du, du bist noch fern

Das willst du, weil es edel ist
Das willst du, weil du Ansehen vermisst
Das willst du, weil du bist ein Wicht
Das weißt du: leisten kannst's dir nicht

Das träumst du, in Glanz zu leben
Das träumst du, dir alles zu geben
Das träumst du, dass Schönheit thront
Das weißt du, alles ist Illusion

Das kannst du, die Gelegenheit packen
Das kannst du, nur nicht werden zum Spacken
Das kannst du, wenn du den Kampf nicht scheust
Das weißt du: du den Weg nie bereust.

Alles was glänzt bleibt doch unzulänglich
Denn es erweist sich als nur allzu vergänglich

09.01.2007

Das Geld

Geld regiert die Welt
Für den der es erhält
Das Leben es erhellt
Doch and're es verprellt

Es bleibt dabei, die Währung
Unterläuft ständige Vermehrung
Doch, bitte, ne Erklärung
Es mangelt an Ernährung

Hab' ich nen ries'gen Geldesschatz
Ich mein Leben doch verpatz
Denn eines fehlt an meinem Platz:
Für Liebe gibt Geld kein' Ersatz

Ich hab das Geld, doch bin verloren
Weil eine Maid, von mir auserkoren
Sich wand von mir, mir armen Toren
Und hat 'nem and'ren sich verschworen

29.06.2004

Das Lachen der Toten

Sie holte dich ein
Die Zeit, die verging
Lies dich nicht sein
Das Leben dahin

Lässt allerorten
Gebeine schon ruhen
Ein Ende den Worten
In hölzernen Truhen

Oft Leid und Schmerz
Ward stets geseh'n
Doch im Danach
Wird dies vergeh'n

Kein Walten ist
Kein Denken auch
In Eichenkist'
Zum letzten Hauch

Zum letzten Gang
Sind angetreten
Die Lebenslang
Zusammen flehten

Doch besser noch
Als diese sind
Im Grabesloch,
Verweht im Wind

Den Schmerz und Leid
Vorüber schon
Vergänglichkeit -
Ein echter Lohn

Dies Wort mutet
Seltsam gar
Denn ausgeblutet
Tränen klar

Doch zurückgelassen
Die schlechte Welt
Nicht zu fassen
Nichts sie hält

Den Lauf gewonnen
Wer lacht zuletzt?
Bis wir so zerronnen
Wir leben entsetzt...

29.09.2016

Das Spiel um den Ball

Der Ball ist rund
Die Trikots bunt
Nach 90 Minuten
Ist keiner gesund

Offiziell ist's ein Spiel
Mit dem einzigen Ziel
Dass das Verhalten
'nem jeden gefiel

Die Fairness geht vor
Doch bei jedem Tor
Sich Freundlichkeit unter
Den Fans schnell verlor

Bengalos und Böller
Schon seit Rudi Völler
Verwandeln den Platz
In die Fußballhölle

Der Kampfgeist der Spieler
Vielen gefiel er
Am Ende, da gibt es
Sieger, Verlierer

Doch wer stets gewinnt
Auf Reichtum nur sinnt
Die Bonzen und Bosse
Die im Hintergrund sind

Beim Spiel um Profit
Da mischen sie mit
Und Loyalität
Gerät aus dem Tritt

Gemauschel und List
All solcher Mist
Geht klar, so lang
Ein Bonze man ist

Die so hohen Tiere
Auch sie mal verlieren
Wenn an ihrer Gier
Sie schließlich krepieren

Ab in den Knast
In aller Hast
Die nächste Saison
Er sicher verpasst

Das Spiel um den Ball
Sehr beliebt überall
Das Drumherum jedoch
Macht Kopfschmerz – fatal!

06.11.2015

Der Berg – Hommage an Heinz Erhardt

Einst sprach ein Mann
Über einen Berg
Neben dem sich jeder
Fühlt wie Zwerg

Ein Berg aus allen
Bergen der Erde
Keiner könnt' sagen
Wie hoch der wohl werde

Er malte den Berg
In des Wortes Farben
Ein Meisterwerk gar
Kein Hörer musst' darben

Der Berg, der war
wohl ein Monument
Ein Berg, wie ihn
sonst keiner kennt

Und zu des Berges
Füßen, da lag
Ein Meer mit hohem
Wellenschlag

Und malt er in kräftigen
Farben des Worts
Wie der Berg dann
Enteilt seines Orts

Und stürzt ins Meer
Unter Donnern und Blitzen
Schließt mit Worten:
„Das würd' spritzen"!

12.09.2013

Der letzte Dichter

Erschöpft geht er weiter
Ohne sich umzublicken
Denn was er sieht
Würde ihn töten

Auf ihn wartet ein Streiter
Um ihn mit Stricken
Denen keiner flieht
Zu fesseln in Nöten

"Weiche mir, du fremde Form
Deren Gestalt gegen jede Norm!
Du allein trägst alle Schuld
Dass ich verlor der Menschen Huld!"

Mit der Kraft seiner Sinne
Hat er einst Welten gebaut
Voller bunter Träume
Und Harmonie

Dort nie das Böse gewinne
Dort Helden man vertraut
Allzeit blühen Bäume
Sie ergrauen nie

"Weiche mir, du fremde Form
Deren Gestalt gegen jede Norm!
Du allein zerstörtest das Land
Da Phantasie schuf ungebannt!"

Menschenmassen liebten ihn
Und wollten ihn erheben
Auf den Königsthron
Olymp der Sprache

Wie nebensächlich ihm dies schien
Er wollte nur erleben
Seine Familie, Tochter, Sohn
Nie die geistige Brache

"Weiche mir, du fremde Form
Deren Gestalt gegen jede Norm!
Du allein stahlst Liebe mir
Nach der ich lechzte wie ein Tier!"

All sein Tun, die großen Worte
Sein Herz, auf Papier gebracht
Und formvollendet
Sie Freude bereiten

In jenen Herzen von rechter Sorte
Er ein wahres Feuer entfacht
Und Trost auch spendet
Denen die leiden

"Weiche mir, du fremde Form
Deren Gestalt gegen jede Norm!
Du allein nimmst jeden Sinn
Aus der Kunst, die mir Gewinn!"

All die Verse in schönstem Reim
So Kunstvoll ausersonnen
Mit Leib und Seel
Er Gedichte verfasst

Doch jetzt jeder Tor im Eigenheim
Sich was zusammengesponnen
Aus Verrücktheit kein Hehl,
Dem Unsinn keine Rast

"Weiche mir, du fremde Form
Deren Gestalt gegen jede Norm!
Du allein hast der Dichter Gunst
Zerstört durch diese entartete Kunst!"

Zeilen folgen aufeinander,
Er kann es gar nicht fassen,
Wie soll das gehen
Ohne Reim!

Wirres Wörter-Durcheinander
Gar nichts kann hier passen
Keine Form zu sehen
Wie gemein!

"Weiche mir, du fremde Form
Deren Gestalt gegen jede Norm!
Du allein schaffst rasend Wut
In meinem sonst so ruhigen Blut!"

Für ihn gibt es keine Ruhe mehr
Kaum den Moment der Rast
Den Kampf für Schönes er führt
Mit seinen Gedichten

Sei der Kampf auch manchmal schwer
Sagt er uns doch ohne Hast:
"Ich gebe, was der Kunst gebührt
Ihr könnt mich nicht richten!"

"Weiche mir, du fremde Form
Deren Gestalt gegen jede Norm!
Du allein hast Menschen verzogen
Und sie um wahre Lyrik betrogen

Du hast ihnen weis gemacht,
Dass mit dir ward Großes vollbracht

Doch ich habe dein falsches Wesen erkannt
Und bekämpfe dich mit Herz und Hand!"

24.02.2007

Der Mensch fürs Leben

Der Kopf sinkt schwer auf den Tisch hernieder
Langsam schließen sich die Lider
So geht's uns allen immer wieder
Wenn den Trott des Lebens wir gehen

Neue Mühen bringt jeder Tag
Neue Pein und neue Plag
Die kaum zu schaffen scheinen mag
Trotz inständigem flehen

Gäbe es nicht an deiner Seite
Den Mensch, der dir stets Freude bereitet
Und dich durch Liebe stützt

Der dir stets zur Seite steht
Und welche Wege das Leben auch geht
Beim ihm fühlst du dich beschützt

2011

Das Kind

Ein Kind ward uns geboren
Ein Mädchen uns geschenkt
Mein Herz hab ich verloren
An sie hab ich's gehängt

Sonne für das Leben
Stern in jeder Nacht
So viel mehr kann sie geben
Mir als Geld und Macht

Will hüten und beschützen
Diesen Teil von mir
Will helfen und sie stützen
Und Wissen geben ihr

Leb mein Leben besser
Mit Frau und nun mit Kind
Fahr'n durch alle Gewässer
So lang wir zusammen sind!

25.06.2012

Der Stift

Ohne ihn gibt's keine Muse
Ohne ihn auch kein Gedicht
Ohne ihn gibt's keine Buße
Ohne ihn auch kein Gericht

Ohne ihn hätt ich kein Leben
Ohne ihn gäb's wenig Sinn
Ohne ihn könnt' niemand geben
Worte, die ein Reingewinn

Ohne ihn und seine Ahnen
Könnte niemand Wissen kenn'
Könnten keine Papierbahnen
Geistesschätz' ihr Eigen nenn'

Ohne ihn gäb's keine Schrift
Ohne ihn kein Zeichenbrett
Ohne ihn würd nichts verschifft
Auch wär man nicht zueinander nett

So sei gedankt dem edlen Geist
Der der Welt den Stift geschenkt
Ob Blei-, ob Bunt-, oder wie er heißt
Durch Stifte wird die Welt gelenkt

Wem digital wird auch zur Qual
IPhone, Tablet, gar fatal

Wird es doch immer Stifte geben
Nur diese geben den Worten Leben!

12.11.2014

Das weiße Blatt

Ein weißes Blatt
Das macht mich matt

Mit Worten füllen
Den Drang zu stillen

Den Geist zu leeren
Lyrik zu mehren

Bin nicht vermessen
Bin nur besessen

Der lyrische Wahn
Bricht sich die Bahn

Vom Hirn in die Hand
Von Herz und Verstand

Das weiße am Blatt
Mit Wort mach ich platt!

13.11.2015

Des Menschen bester Freund

Dies ist dein Freund, so echt
Er kennt kein Falsch, so recht
Er meint es stets gut, nie schlecht
Sieh's nicht so eng, er möcht'

Doch alles tun, dir zu gefallen
Mit Fröhlichkeit erfüll'n die Hallen

In denen ihr wohnt, ihr lebt
Wo ihr gegenseitig euch gebt
Wo du manchmal fällst, er hebt
Deine Stimmung an, er strebt

Doch nur danach dich fröhlich zu machen
Um mit dir zu teilen ein glückliches Lachen

Eine Sprache spricht er, deine nicht
Doch siehst du es, in seinem Gesicht
Dort zeigt sich Freude, Leid und Licht
Und Trübsal wenn's an etwas gebricht

Doch wird er stets zu dir fest stehen
Durch dick und dünn mit dir auch gehen

17.10.2008

Die Katze

An der Ecke
Von der Strecke
Hockt sie zu dem einz'gen Zwecke

Mit den Tatzen
Zu zerkratzen
Und zu fangen einen Spatzen

Ihn erhaschen
Ihn zu kaschen
Und dann ganz fix zu vernaschen

Dann zu wetzen
Krallen fetzen
Uns'ren Lieblingsstuhl zum setzen

Nächt'lich Klagen
Kann ich sagen
Würde ich am liebsten schlagen

Beim verkloppen
Nicht zu stoppen
Wie sie sich des Nachts zerroppen

Doch ihr Schnurren
Ohne Murren
Ist viel schöner als ihr Knurren

Ne Tote Maus
Bringt sie ins Haus
Schüttet so ihr Herz dir aus

Zeigt dir Liebe
Trotz der Hiebe
Die die Krallen dir eintrieben

Da sie verpasst
In ihrer Hast
Manchem eine, wenn ihr's grad passt

Doch sie verehrt
Mancher begehrt
Und hält sie sich gar sehr vermehrt

An Tages End
Ins Bett sie rennt
Und friedlich auf deinem Kopf einpennt

07.07.2015

Ein Bartvers

Über Jahre und Generationen
Galten Bärte als Stilikonen
Sie zierten Herrscher auf ihren Thronen
Das Zeichen der Männlichkeit pur

Ein guter Mann trug einen Bart
Das gehörte zur echten Lebensart
Bärte sagten: „Bin stark und hart!
Verschont mich mit eurer Rasur!"

Mancherorts im römischen Reich
Als adlige Gesichter wurden bleich
War'n Bärte den Barbaren gleich
Und galten als verpönt

Ein Mann von Welt, der schor sich blank
Brachte all der Adligen Dank
Ob Bluter oder inzuchtkrank
Ein glattes Gesicht verschönt

Dann in Zeiten der Modernität
Ein Schnurrbart im Gesicht gut steht
Dem Mann von Welt, wohin er geht
Die Frau'n ihm liegen zu Füßen

Doch als dann harte Zeiten kamen
Hatten an Härte Int'resse die Damen
Glatte Gesichter mit wichtigen Namen:
Aus schwierigen Zeiten sie grüßen

Mit Flowerpower die Hippiezeit
Brachte Bärte an junge Leut'
Machte die Welt für Neues bereit
Was den älteren wohl ziemlich stank

Heut trägt man Bart oder lässt es bleiben
Niemand sollt' einem das vorschreiben
Von schönen Bärten könnt' endlos man schreiben
Dem Maskulinen ein Dank!

22.08.2015

Es bleibt dabei

Im neuen Jahr sind es drei Tage
Und immer noch ist's dieselbe Plage

Dasselbe Ding, das Leben man nennt
Ist voll und ganz in seinem Element

Schon wirst du von vorne und hinten gepackt
Schon schlägt in schnellem Tempo der Takt

Jede Ruhe, sie ist schon verflogen
Die gelassenen Tage vorbeigezogen

Der Kopf bleibt voll mit Ängsten und Sorgen
Man muss fürs Leben fast alles sich borgen

Trotz Laufen und Rennen kein Ziel kommt in Sicht
Von Zielen so mancher ganz unbedarft spricht

Weiterhin bleiben sie uns erhalten
Angst und Sorgen unser Leben verwalten

Und doch, trotz aller Schreckgestalten
Wird etwas in mir niemals erkalten

Denn etwas steht in höchstem Licht
Dies etwas nimmt mich stets in die Pflicht

Ob heute, morgen oder ob übermorgen
Sie stets und immer gut zu umsorgen

Und in Treue und Wahrheit, nicht betrogen,
Zu ihr zu halten, sie niemals belogen

Denn trotz all diesem, das ist so vertrackt
Bleibt dies eine doch ewig ein Fakt:

Die Liebe schafft es, dass uns keiner trennt
Denn du bist es, die am besten mich kennt

Bei Auf und Ab's hältst du mich in der Waage
Ich verdanke dir alles, so wahr ich's dir sage!

03.01.2016

Freitag, 13.

An Tagen, wie diesem
An Zahlen wie heute
Fürchten das Leben
Abergläubische Leute

Der Monat sagt dreizehn
Und Freitag die Woche
Schön, Wochenende!
Und Schluss mit Maloche!

Doch Tag und Datum
In Kombination
Können Ängste schüren
Und Halluzination

Vorstellung von Unglück
Und schlimmstem Übel
Pech ausgegossen
Aus riesigem Kübel

Bringt es etwas
Sich daheim zu verschanzen
Im Keller verkriechen
Bei winzigen Wanzen?

Nun, Unglücksschläge
Aufs Datum bezogen -
Das ist doch alles
Erstunken, erlogen

Hab keine Angst
Vor dem dreizehnten Tag
Als ob's nur dann
Gäb den Unglücksschlag

Unglück ereilt dich
Wo immer du bist
Ob's Freitag, Samstag
Oder sonst etwas ist!

13.11.2015

Gegrillt werden

Heut kaufte ich beim Penny ein
Grillgut: Steak und Wurst vom Schwein

Den Grill, den wollten wir entfachen
Und richtig gutes Essen machen

Mit Brot dann und Salat serviert
Wird ein jeder Gaumen verführt

Doch am Tag, da wir woll'n brutzeln
Müssen den Grill wir gar nicht nutzen!

Es sticht und brennt und glüht die Sonne
Das niemand hat im Freien Wonne

Sengende Hitze vertrocknet das Gras
Vierzig Grad, aber echt, kein Spaß!

Schmeißt dich die Glut auf die Bretter
Fragt man sich: Was soll dies' Wetter?

Aber nunmehr für die Grillsaison
Haben wir eine Lösung schon

Nimm Wurst und Steak und was du willst
Schmeiß auf den Boden, wo du jetzt grillst

Steinflächen, Fliesen, Waschbetonplatten
Braten Füße, Insekten, armselige Ratten

Warum also nicht die Mühe sich sparen
Holzkohle im Grill nicht aufzubahren

Der Boden, er brennt in feuriger Flut
Ist somit wohl zum Grillen auch gut!

07.08.2015

Eishockey

Viel Trara und viel Getue
Um Typen auf den Kufenschuhen

Massig Geld fließt von Sponsoren
Schweiß quillt aus der Spieler Poren

Trotz der Grade unter null
Finden sie das richtig toll

Wenn der Ball, vielmehr: der Puck
Einem Gegner, der blöd guckt

Derbe in den Kasten scheppert
Oder das Gebiss zerdeppert

Und wenn der Puck dies schon nicht schafft
Werden Prügel nicht bestraft!

Eishockey ist so ein schöner Sport
Wenig vom letzten, eher Mord

Kann nicht verstehen, wem dies gefällt
Bin wohl zu fremd in Sportes Welt

31.08.2014

Geruch des Alters

Rund, gebeugt von all den Jahren
Geht der Mensch so seinen Weg
Sah Unheil, Sorgen und Gefahren
Sehnt sich jetzt nach zarter Pfleg'
Hat genug von der Welt Gebaren
Sein Wesen wurd' davon geprägt
Von Zeiten, die vor Alters waren
Und bald er sich zur Ruhe legt

Sein Umfeld zeugt von seinem Leben
So wie damals, er heute wohnt
Moderne Sachen machen ihn nicht beben
Vom Fortschritt blieb er nicht verschont
Auch wenn sich nun die Sinn' umweben
In seinem Reich noch stolz er thront
Bald ha ein Ende alles Streben
Und er wird für seine Treu belohnt

Heute bin ich bei den Alten gewesen
In ihrem Heim dort, in ihrer Luft
Ihr Sein, ihre Wohnung, auserlesen
Umgibt mich des Alters typischer Duft
So oft nun krank und doch genesen
So wollen sie schau'n doch nicht die Gruft
Und ruh'n sie dann doch, es endet ihr Wesen
Schlafen sie nur, bis Gott sie ruft.

17.08.2015

Gott, erbarm dich ihrer

All die Massen irrer Wesen
Auf den Straßen dieser Welt
Deren Bücher ausgelesen
Auf der Jagd nach Ruhm und Geld

All ihr Stürmen und ihr Drängen
All ihr Frust und ihre Wut
Verlangt nach vielen tumben Zwängen
Immer mehr an Hab und Gut

All dies Rennen ganz nach oben
Um die Wahrheit sie betrogen

Sie bleiben noch und stets Verlierer -
Gott, erbarm dich ihrer!

Rastlos rasen und nicht ruh'n
Zwänge, groß und größer noch
Traumlos trotten, viel zu tun
Im Kopf drin nur ein Loch

Rücken rund vom all dem Tragen
Kräfte leer, nichts ist mehr da
Treue tot, niemand kann sagen
Dass er ist dem and'ren nah

Trotzdem geht das Rennen weiter
Sturm auf die Karriereleiter

Und doch, sie bleiben die Verlierer -
Gott, erbarm dich ihrer!

All das Rennen und das Rasen
Wird sich schließlich rächen gar
All das Dreschen hohler Phrasen
Das Ende ist doch sonnenklar

All die leeren Hüllen fallen
Haben ganz umsonst gelebt
All des Reichtums hohe Hallen
In Trümmer werden sie gelegt

Am Ende fahr'n sie gegen die Wand
Gesteuert von der eig'nen Hand

Sind schlussendlich die Verlierer -
Gott, erbarm dich ihrer!

26.09.2015

Heimat

Sag mir, wo bist du zu Haus
Was nennst du dein Heim und Herd
Ist es dort, wo du nur wohnst
Oder frei bist, unbeschwert?

Welchen Ort suchst du dir aus
Wo du Einkehr hältst in dich?
Wo das Leben sich noch lohnt
Wo du findest Zuversicht

Ein solcher Ort ist ein Geschenk
Sei dort des Friedens eingedenk

Denn es ist Heimat allein
Die dir schenkt Geborgenheit
Heimat beglückt
Und von Sorgen dich befreit

Und nur Heimat kann sein
Wo dein Herz zu Hause ist
Und du, Stück um Stück,
Alle Schmerzen ganz vergisst

Lebst du auch am falschen Fleck
Trotzdem ist es doch ganz klar
Jede Seele, jedes Herz
Kennt den Weg, so wunderbar

Zu dem Ort, auch wenn versteckt
Horche tief in dich hinein
Und dein Innerstes erklärt's
Wo es gerne möchte sein

Dieser Ort, der mich schon fand
Mit seiner Weite mich gebannt

Denn meine Heimat wird sein
Das Gestade dieser See
Und alles Sorgen verweht
Wenn ich in die ferne seh'

Diese Heimat ist mein
So lang zu atmen ich vermag
Bis der Himmel vergeht
Bis zu der Wellen letzten Schlag

Heimat allein
Bis in die Unendlichkeit
Heimat schenkt Trost
Und vom Dunkel mich befreit

Heimat, oh mein
Bis es schäumt die letzte Gischt
Heimat, windumtost
Bis dass das Sonnenlicht erlischt.

25.09.2016

Hoffnung

Wenn gerechte Richter
rechtens walten
Wenn böse Gesichter
leise erkalten

Wenn gebautes Vertrauen
traute Wesen
An Starksein baut
und sie genesen

Wenn Kraft so kräftig
bekräftigt sie noch
Loskauf aus geschäftig
ehernem Joch

Wenn echte Knechte
berechtet schon sind
Wirken wahre Rechte
für Mann, Frau und Kind

Wenn starke Stützen
standhaft stehen
Sie allen nützen
die vorwärts nur sehen

Wenn herzlose Herren
heruntergebrochen
Die Karren sie zerren
nach Schweiß sie gerochen

Wenn Wahrheit wahrt
wahrhaftige Werte
Dann hat sich genaht
auf unserer Erde

Die Zeit, die heute Utopie
Die Zeit, es heißt, sie kommt ja nie

Die Zeit, in die keiner Hoffnung mehr setzt
Doch, Zeit: Die Hoffnung stirbt zuletzt!

06.08.2016

Im Dunkel

Im Dunkel, wo das Licht versagt
Ist, wo dich nagend' Zweifel plagt

Im Dunkel, wo die Schatten siegen
Ist, wo sich Tote im Schlafe wiegen

Im Dunkel, wo niemals Augen sehen
Ist, wo blinde um Augenlicht flehen

Im Dunkel, wo Sonne hat keine Macht
Ist, wo keine Stimme fröhlich lacht

Im Dunkel, wo niemand den Ausweg sieht
Ist, wo der Tod hat sein Gebiet

Im Dunkel, wo Fackeln nicht Schwärze verjagen
Ist, wo finstere Ängste an Seelen nagen

Im Dunkel, wo keine Freude beginnt
Ist, wo jeder Böse übles ersinnt

Im Dunkel halten dich keine Wände
Jedoch findest du im Dunkel dein Ende

10.04.2009

Im Garten

Wenn mal wieder alles zu viel
Und die Psyche ist ziemlich labil
Will am Wochenende ich starten
Auf in den Garten!

Dort kann ich mich mit Lieben umgeben
Kann dort wirklich frei mal leben
Kann es kaum mehr bis dahin erwarten
Auf in den Garten!

Dort grünt das Grün in natürlicher Bahn
Herrscht kein Über-Ordnungswahn
Dort pflegen wir die Pflanzen, die zarten
In unserem Garten

Schon wird der Grill auch angeschmissen
Damit wir nichts zu schmausen vermissen
Würstchen und Steak nach allen Arten
Gibt's hier im Garten

Ist dann zu Ende der Tag, das Mahl
Freu ich mich schon aufs nächste Mal
Kann entflieh'n dem Alltag dem harten
Und fahr'n in den Garten!

28.06.2015

Im Traum

Im Traum wär ich so manch jemand
Der reiste in ein fernes Land

Im Traum wär ich ein großer Held
Der Frauen hat und auch viel Geld

Im Traum wär ich ein Formel-Fahrer
Asphaltkönig, Rekordbewahrer

Im Traum wär ich Geheimagent
Dessen Namen niemand kennt

Im Traum wär ich ein Superstar
In Film, Musik, ganz wunderbar

Im Traum wär ich gern humanitär
Mach anderen das Leben weniger schwer

Im Traum da könnt ich so viel machen
Müsst weniger weinen, nur noch lachen

Und wären Träume nicht nur Schäume
Und Traumgebilde leere Räume

Wäre ich jetzt nicht bei dir
Sondern zu weit fort von hier.

19.01.2010

Irrtum

Es irrt der Mensch so lang er strebt
So lang sein Verstand am Geld nur klebt

Es bringt kein Glück, nur Geld zu haben
Noch, sich nur an reichem Essen zu laben

So wenig hat der Mensch bisher erkannt
Behauptet er doch, er hätte Verstand

Er jagt nach Macht sein ganzes Leben
Als könnte ihm diese Zufriedenheit geben

Er macht sich selbst und andere verrückt
Wenn er nicht jeden Winkel der Erde erblickt

Er vergisst sogar oft, die Liebe zu finden
Ohne die bleibt sein Leben ein nutzloses Schinden

Denn kein Mensch kann sagen, dass es was Besseres gibt
Als dass der Mensch von Herzen und aufrichtig liebt

07.12.2007

Krieg

Gestern, heute, und morgen auch
Kennt man einen grässlichen Feind
Der Länder in Blut und Tränen taucht
Und was er sagt stets übel meint

Krakenarme hat er viele
Streckt sie weithin aus
Verfolgt die unheilvollsten Ziele
Sucht einzureißen jedes Haus

Er ist ein graues Nachtgespenst
Das auch des Tages tobt
Und alles was du abscheulich nennst
Wird von ihm hoch gelobt

Männer, Frauen mit Kindern zusammen
Schlägt er nieder zur Erde
Hält die Welt in seinen Armen gefangen
Und peitscht sie, wie eine Herde

Er beherrscht die Erde seit Generationen
Niemand konnte sich ihm entzieh'n
Egal wo Menschen siedeln und wohnen
Dem Krieg kann niemand entflieh'n

Denkst du dir, mir gehts doch gut!
Ein frohes Gesicht unterm Schlummerhut
Ich habe alles, brauch keinen Mut
Brauch nur mein schönes Hab und Gut

Dann bist du dem Irrtum aufgesessen
Denn die Medien Sind drauf versessen
Dass niemand jemals wird vergessen
Dass Kriege langsam die Welt auffressen.

04.02.2007

Leeres Zimmer

Im Raum, da einst das Leben wirkte
Und mancher lachte, mancher würgte

Kehrte jetzt die Leere ein
Seitdem ist dort ihr einziges Heim

Wer auch immer dies Zimmer betritt
Bringt Geräusch' von außen mit

Doch in dem Raum, da die Leere weilt
Stille nie der Zeit Wunden heilt

08.11.2006

Liebe

Träume überdauern
Zeiten des Sturms
Stehen fest wie Mauern
eines Festungsturms

Gleichsam die Liebe
Wenn sie ist recht
Über Zeiten der Hiebe
Zeigt sie sich echt

Glück ist ein Ding
Das relativ ist
Ob Freude es bring -
'Antwort vermisst'

Zeigst du echte,
reine Liebe
was es dir brächte -
'Herzensdiebe?'

Echt muss sie sein
Um sich zu beweisen!
Zeigst du sei rein,
Wird man dich preisen

14.05.2004

Lorelei

Dieses Nachts die Sterne funkeln
Mondes Licht scheint auf den Strom
Ruhig fließt er dort im dunkeln
Wie seit hundert Jahren schon

Hoch ragt er an Flusses' Ufer
Über aller Schiffer Kahn
Mächt'ger Felsen dessen Ruf ja
Spricht von Unheil und Gefahr'n

So dümpelt nun auch dieser Nächte
Still ein junger Flüsser drein
Weiß nichts von des Felsens Mächten
Und dass sein Grab wohl nass wird sein

Lorelei, Lorelei
Hör ihr zu und komm herbei
Sie verspricht die schönsten Dinge dir zu geben

Lorelei, Lorelei
„Komm zu mir, ich mach dich frei,
Frei von Kummer, frei von Sorgen, frei vom Leben"

Schon birgt der Felsen Modes Helle
Tiefer Schatten deckt den Fluss
Untiefe, des Wassers Schnelle
Werden schon bald zum Verdruss

Dort, im Tale tiefen Schattens
Sieht der Flüsser auf dem Rhein
Mit Augen, die kurz vorm ermatten
Da doch einen goldenen Schein

Hoch thront sie auf des Steines Gipfel
Schon betört ihn ihr Gesang
Trägt weit über der Bäume Wipfel
Schlägt ihn gleich in ihren Bann

Lorelei, Lorelei
Hör ihr zu, was ist dabei
Über alles wird ihr Lied dich bald erheben

Lorelei, Lorelei
„Komm zu mir ich mach dich frei,
Frei von Kummer, frei von Sorgen, frei vom Leben"

Des müden Flüssers Ohren glauben
Kaum den eignen lahmen Sinnen
Nach langer Fahrt die Händ', die tauben
Greifen nach der Pinne

Er folgt dem Ruf der Lorelei
Schon hat sie ihn umsponnen
Nun ist der Rest ihm einerlei
Sein Unglück hat schon begonnen

Am Ende wird vom Fluss verschlungen
Des Flüssers Leben und sein Kahn
Ein Liedlein hat den Tod besungen
Dies hat die Lorelei getan.

Lorelei, Lorelei
Hör ihr zu, gib keinen Schrei
In der Stille liegt ihr Will' dich zu umweben

Lorelei, Lorelei
„Komm zu mir, ich mach dich frei,
Frei von Lieben, frei von Lachen, frei vom Leben"

2015

Lügner

Ein Aas wer Lügen schwätzt
Andere verletzt
Mit Tränen schon benetzt
Ihre Augen

Das Unheil soll erfassen
Alle, die nicht lassen
Ihr Leben so verprassen
Und berauben

Die Menschen ihrer Wahrheit
Das führet nur zu Torheit
Zum Verlust der Einheit
Wutschnaubend

25.06.2004

Lust

Indirekt, in fahlem Schimmer
Liegt sie da, in ihrem Zimmer
Und wartet, dass es wird noch schlimmer

Voll der Gelüste nahest du
Um sie zu entfesseln in einem Nu
Die Triebe treiben dich immerzu

Ihr Körper – deiner Augen Lust
Und besser hätt'st du's nicht gewusst
Dass du sie heute nehmen musst

Dies Verlangen, wider Sinnen
Kann nicht schnell genug beginnen
Und kehrt nach Außen, was war drinnen

Berühre sie, sie ist so weich
Ihr Körper – gänzlich ohn' Vergleich
Deine Sinne – wie im Märchenreich

Gleich, gleich wird die Lust befriedigt
Ihr Körper dadurch zwar erniedrigt
Doch das erscheint dir nicht als widrig

Du hältst sie fest voll purer Gier
Und ihre Formen sagen dir
Heute Nacht gehörst du mir!

Verzückt dein Mund steht offen weit
Ihr Körper ist's der zu dir schreit:
„Nimm mich jetzt, ich bin bereit!"

Dann voller Lust lässt du dich gehen
Keiner soll euch dabei sehen
Denn: keiner würde es verstehen.

Da...:

KLICK Jetzt brennt das Küchenlicht
Deine Frau hat dich erwischt

Nachts um eins – ein Kühlschrankdieb
Den wohl die Lust, der Hunger trieb!

Sprachlos stehst du – ohne Worte
In der Hand die Sahnetorte

Riesenstücke rausgebissen
Voll der Lust hast du's zerrissen

Das schöne Stück Konditorkunst
Die Gier war wie die Feuersbrunst

Ein Feuer der Lust – aber schnell es verlischt
Wenn deine Frau durch die Küche dich drischt!

17.04.2016

Märchenstunde: Kinder des Waldes

Im Wald in tiefer dräuend' Nacht
War'n zwei um ihren Weg gebracht

Liefen Wege dunkler Ahnung
Achteten nicht der Weisen Mahnung

Des finsteren Weges Schlingen gehend
Bäume, düstrer Winde wehend

Fanden Sie den Weg – oh Graus
Zum ganz aus Leben gebauten Haus

Hänsel und Gretel verliefen sich im Wald
Vom Bösen so finster, vom Todeshauch kalt

Des grausend' Hauses Schrecken trotzend
Vor jugendlichen Kräften strotzend

Gingen sie in des Hauses Schatten
Dort sprach es aus den Knochenlatten

„Kommt nur in mein Haus hinein
Gaben will ich euch geben reich
Vom Essen bestes, zu trinken fein
Brauch nur etwas Hilf' von euch"

Hänsel und Gretel verliefen sich im Wald
Das Böses dort lauert, erfuhren sie schon bald

Der grausam' Alten, die dort hauste
Vor der es aller Welt schon grauste

War es ein schrecklich' Genuss sogleich
Zu essen vom zarten, vom frischesten Fleisch

Des Menschenkinds, das, vom Bösen getrieben
Zu lange in ihrem Wald ward verblieben

Des Hanses Schicksal sollte es sein
Im Ofen zu braten, zu sterben allein

Hänsel und Gretel verliefen sich im Wald
Dem Tod nah sie waren in der Alten Gewalt

Des Feuers Hitze musste sie schüren
Sein Ende nahen konnte er spüren

Und da die Flammen sein Leben umfingen
War es: sterben oder selber umbringen

So wandte sich einig geschwisterlich' Kraft
Gegen der Bösen dämonische Macht

Drum fraßen die Flammen ihr eignes Gebein
Und erstickten zu Asche ihr grausiges Schrein

Hänsel und Gretel verliefen sich im Wald...

11.08.2015

Meisenweise

Es gibt sie im Sumpf
Es gibt sie in Weiden
Es gibt sie in Städten
Und auf grünen Heiden

Es gibt sie in blau
Und in Kohlenschwarz
In so vielen Farben
Und auch allerarts

Sie haben nen Schwanz
Und sie haben Hauben
Und Flügel sie haben,
Das könnt ihr mir glauben!

Es gibt sie in Tannen
Als auch in Fichten
Wo sie tagtäglich
Ihr Tagwerk verrichten

Mal sind sie Indianer
Mal Könige gar
Obwohl sie am Haupte
Kein einziges Haar

Mal tragen sie Laub
Mal tragen sie Trauer
Doch dank Lebensfreude
Ist die nicht von Dauer

Sie sing'n überall
Ihre fröhlichen Weisen
Und die Welt wäre ärmer
Ohne die Meisen!

22.08.2015

Mord!

Freitag Nacht ist es geschehen
Niemand hat etwas gesehen
Niemand weiß um's Totenbett
Warum zur Hölle *„Murder" she said.*

Aus dem Leben fix gerissen
Über Nacht ins Gras gebissen
Niedergestreckt von scharfem Stilett
Und als einzige *„Murder" she said.*

Mittlerweile ist allen klar
Warum der alte Graf Ottokar
Der lebte meist nur feist und fett
Nicht mehr hörte, dass *„Murder" she said.*

Er war das letzte Aas von Person
Viele wollten beseit'gen ihn schon
Drum finden die meisten es allzu nett
Wenn es nun heißt *„Murder" she said.*

Still und leis' wird er verscharrt
Nirgends länger mehr aufgebahrt
Und allen egal, für alle perfekt
Ist's trotz des Satzes *„Murder" she said.*

12.11.2013

Morning Dew

I woke up in the morning sun
Saw, the new day had begun
The sun's light set them on the run
The last drops of the dew

Sparkles in the early light
Make the fields shine all so bright
Present our eyes with warm delight
Our happiness, it grew

Makes one think 'bout nature's glory
How it can tell a simple story
Of beauty, which has not to worry
To us, it's always true

Now the drops have left the grass
I look up to the sun's bright mass
Then I go and wake my lass
To start the day, a new.

14.07.2015

Morning Stew

I woke up in the morning sun
Saw, the new day had begun
And hunger, it was on the run
So to the kitchen I flew

Searched the cupboards and the fridge
To finally eat, I had an itch
Everything empty, a tragic sitch
The hunger! What can I do?

In the farthest corner ever been
In the fridge's back it can be seen
A meal from the lovely island of green
Glorious yesterday's stew!

And if it's the last on earth to eat
This dish of potatoes and of meat
I'll go out hungry, I will retreat
Otherwise I'd vomit, that's true!

14.07.2015

Morning Flu

I woke up in the morning sun
Saw, the new day had begun
But surely it will be no fun
Because my illness grew

The nose keeps running all the day
The throat, it aches all the way
And sickness makes me feel all grey
Curse this stupid flu!

The whole day I shall stay in bed
Drink shallow tea, eat rotten bread
No longer live with mom and dad
Nobody cares, it's true

The only one who cares is me
With small eyes, that can barely see
I get up, fetch some nasty tea
Lay down, what else can I do?

20.07.2015

Nebelfeld

Auf der Wiese in der Früh
Steht einsam eine Vogelscheuche
Von fern das Morgenlicht her glüht
Wie eine zögernd glimmend' Leuchte

Der schwache Schimmer sucht zu finden
Der Scheuche Umrissformen
Doch um ihn daran zu hindern
Zieht der Nebel gegen die Normen

Das düstere Wesen in dieser Stunde
Kriecht langsam über das Feld
Und bringet nasse, kalte Kunde
Aus feuchter Dämmerwelt

Flüchtig zwar wie grünes Gras
Voller Mysterien und Schauder
Klamm, kalt, gefährlich und nass
Verschlingt er ohne zu zaudern

Mensch und Tier
Wie die Scheuche hier
Und taucht die Welt
In das
Nebelfeld.

22.09.2006

Ode an das Schnitzel

Am Anfang war das Nichts
Dann kam Fleisch
Und starren Angesichts
So stand ich staunend
Mit erhobenen Armen
Um sich meiner zu erbarmen
Bat ich das Fleisch
Meinen Magen - laut raunend -
Doch zu stillen
Nach meinem Willen
Sich zu wandeln
Um zu füllen
Nicht zu verschandeln
Sondern zu werden
Zum höchsten auf Erden
Was Fleisch je vollbracht
Dass nämlich aus Herden
Ward Speise bereitet
Die mich begleitet
Und - nicht sehr sacht -
Zur Sättigung schreitet

Das Schnitzel, es lebe hoch!

30.05.2007

Schnee der Zeit

Schwer liegt die Decke auf dem Land
Nicht gewoben von Menschenhand
Gefallen vom Himmel gar über Nacht
Am Morgen ward die Welt völlig neu erwacht

Schon bald im Schnee das Land versinkt
Die Kälte wird kommen und sie dringt
Unerbittlich durch alle Ritzen
Wir alle frieren, die wir untätig sitzen.

Wir bleiben von alledem nicht verschont
Tun wir nichts, werden wir nicht belohnt.
Nach uns fällt der Schnee der Zeit
Und bedeckt unser Leben weit und breit.

10.11.2004

Street With No Name

While my steps go on and on
On narrow, unknown ways
I ask myself, where I have one
And how I spent my days

I always searched for open minds
For someone to join in my game
But I found nothing - what everyone finds
Walking on Streets With No Name

As far as you look
The many steps you took
What you walk will remain
A Street With No Name

Just in case that we will meet
Maybe someday ahead
I won't be able to hold still my feet
From stepping further instead

As far as you look
The many steps you took
Oh you never can blame
The Street With No Name

As far as you look
The many steps you took
Things go on as the same
On the Street With No Name

30.07.07 P. Zappe

Tornado!

Auf grüner Heide ward geboren
Ein großer, mächtig starker Nam'
Ward zu großem auserkoren
Stürmte himmelwärts hinan
Seine Kraft ging nie verloren
Und stand konnt' halten ihm kein Damm

Hatte Spaß mit seinen Kräften
Hatte Spaß mit Mensch und Tier
Steht in starken vollen Säften
Überall ist sein Revier
Spielt mit Seiten schlauer Hefte
Und verwirbelt Haares Zier

Tobt dann weiter richtig heftig
Findet seinen Lieblingsplatz
Einen Ort, da es kracht deftig!
Und mit richtig viel Rabatz
Zieht er zügig, ganz bedächtig
Durch den vollen Campingplatz

Frisst Mobile, frisst die Hütten
Frisst das leichte Campingklo
Lässt sich gar nicht lange bitten
Ist erst beim Fressen richtig froh
Bringt die Welt schnell zum erzittern
Alle fürchten: TORNADO!!

12.11.2013

TV – und schlau?

In jeder Wohnung, auch in jedem Haus
Wo immer der Mensch auch wohnt
Er hoch erhaben stets thront
Und redet ständig, tagein und tagaus

Die Menschen ihm huldigen zu jeder Zeit
Opfern was immer sie haben
An freien Minuten, die Gaben
Sich häufen bis in die Unendlichkeit

Ob Bericht es ist, ob Lug oder Trug
Ob Fakt, ob Falsch, ob Fiktion
Wen kümmert die Wahrheit denn schon
An Schundfraß gibt es niemals genug

Um Hirne zu töten steht immer bereit
Bald wird es für denkende Nacht
Wenn's flimmernde Werk ist vollbracht
Die Fernbildhalluzinationseinheit!

27.10.2015

Vergessliches Hirn

Vergesslichkeit ist keine Zier
Doch es geht nicht ohne ihr!

Jeden Tag – es ist eine Plag
So oft ein jeder „vergessen" sagt

Das Hirn ist einem Käse gleich
Schweizer, klar, an Löchern reich

Auch ist es wie ein seltsam' Sieb
Das siebt aus, was mir war Lieb

Behält zurück all jenen Müll
Mit dem es sich von selber füllt

So bleibt ein Rätsel mir das Hirn
So fremd gar wie ein fern Gestirn

22.06.2012

Vergangenheit – Kritisch

Tage, die vor Alters waren
Sprechen zu uns manches Wort
Künden uns von fernem Ort
Und früherem Gebaren
Von Menschen und Gefahren
Die gab es stets in einem fort
In Westen, Osten, Süd und Nord
Von Wandel und Handel mit Waren

Vieles kann noch nützlich sein
Uns, die wir heut leben
Denn auch der alten Streben
Ist oft noch heute fein
Denn Geldesmünz' und –Schein
Auch heute werden ausgegeben
Sind das Ziel von Hatz und Heben
Und Reiche leben niemals klein

Vergangenheit und Zukunft bleiben
Sich doch stets und immer gleich
Für alle Menschen, arm und reich
Dasselbe Freu'n und Leiden
Doch die, die sich bescheiden
Deren Hirn nicht butterweich
Werden keine Geistesleich'
Sondern lernen aus alten Zeiten

16.10.2016

When the Red Leafs fall

The year has past
And cold winds blow
Spring could not last
Summer was to go

The sky has turned grey
And autumn has called
Sun has nothing to say
When the Red Leafs fall

They're all coming down
To cover the ground
So that Life won't be found
When the Red Leafs fall

Storms have grown
And rains have poured
Weather's power was shown
It's force reassured

All colors have gone
At home, at the mall
And all men's work is done
When the Red Leafs fall

They're showing the end
Of the time that we spent
In leisure, my friend
When the Red Leafs fall

Turn round your head
To find light again
But you'll see instead
That colors were banned

The least is the red
Of the trees and they all
Lie down to sleep
When the Red Leafs fall

Now turn spirits low
And let sadness grow
Cause it's dolor they show
When the Red Leafs fall

27.11.2007

Wind in den Bäumen

In der Stille der Nacht
Liegt die Schwere verborgen
Die die Seele umgibt
Mit all ihren Sorgen

Liegt Ruhe, liegt Kraft,
Liegt ein Geist des Friedens
Und niemand ist ihr
Fremd geblieben

Und umschließt sie uns gar
Mit all unseren Träumen
Ist was uns bleibt
Nur Wind in den Bäumen

Wenn ein Leben sich neigt
Über die Weite zu ziehen
Und allem Schmerz
Endlich zu entfliehen

Und Nacht des Lebens
Löst ab den Tag
Und Lebensuhr'n schlagen
Den letzten Schlag

Und leis Tränen verhallen
In grauen Räumen
Ist was uns bleibt
Nur Wind in den Bäumen

Lass deinen Geist fliegen
Die Gedanken lass frei
Zuviel Enge bedrückt dich
Oder reißt dich entzwei

In Fährnis und Drangsal
In Verlust und Tod
Da das Schicksal dich trampelt
In allerhöchster Not

Wenn Stürme des Lebens
Die Wellen aufschäumen
Ist was uns beruhigt
Nur Wind in den Bäumen

Wovon wir heut träumen
In diesen stillen Räumen
Trotz Meereswell'n schäumen
Ist Wind in den Bäumen

14.06.2015

Weißzeit

Vor dem Fenster sitz ich friedlich
Und schau auf die stille Landschaft hinaus
Sehe die Rehe, Häschen, niedlich
Und wie der Wind durch die Äste braust

Trübe lastet grauer Himmel
Über eisigkalter Welt
Über der Menschen wild Gewimmel
Bedeckt das stille Schlachtenfeld

Bald schon fallen die ersten Flocken
Über dem städtischen Weihnachtsmarkt
Der Friedhofsboden bleibt nicht trocken
Für alle, die sind dort eingesargt

Menschen malen sich Friedensbilder
Wie Englein singen, Glöckchen klingen
Doch wird das Leben jeden Tag wilder
Um Harmonie zu ringen kann nicht gelingen

Ist bald das Land von Schnee bedeckt
Kann niemand das Dunkel mehr sehen
Weiß ist das Land und unbefleckt
Bis der Schnee wird im Frühling vergehen

17.12.2007

Wer bin ich wohl?

Alle Könige dieser Welt
Verabredet sind sie mit mir
Nehmen all ihr Gut und Geld
Und bringen es her hier
Sonst tun sie, was ihnen gefällt
Diese Freiheit sie heute verlier'n

All diese Herrscher kommen herbei
Weil ich sie einberufen
Ihr Willen ist da nicht mehr frei
Sie müssen erst gar nicht versuchen
Sich wegzustehlen, es bleibt dabei
Sie kommen, auf Rädern, auf Hufen

Wer bin ich, dass sie auf mich hören?
Warum gebiet' ich ihr Tun?
Wie konnte ich sie wohl betören?
Oder befehligen gar? Nun,
Ihr Leben sie eher verlören
Würden sie stattdessen ruh'n

Denn mir sie opfern Zeit und Mittel
Opfern, was sie können, gar
Die mächtigen all ihre Titel
Mich zu bestechen sie suchen ja
Doch der Tod holt Reiche, wie Büttel
Ganz ohne Trennung, das ist klar!

02.02.2016

Witzeabend

Immer, wenn die Stimmung sinkt,
Wenn der dröge Tiefpunkt winkt
Und alles um das Wachsein ringt
Kommt der Witzeabend

Schlimmer kann es kaum mehr kommen
Von Müdigkeit gar sehr benommen
Vor Biergenuss alles verschwommen
Bleibt nur: Witzeabend

Schlechte Scherze und hohler Spaß
Sprengen dabei jedes Maß
Blödsinn wie gerauchtes Gras
Gibt's beim Witzeabend

Die Sprüche werden flach und flacher
Aber die Sprecher nicht mehr wacher
Gibt bestimmt kein' großen Kracher
Beim dämlichen Witzeabend

Der Tiefstand einer jeden Feier
Immer ist's die gleiche Leier
Es führt dazu, dass ich nur reier
Rettung! Vorm Witzeabend!

31.08.2014

Zeitgewässer

Im stürmischen Meer der Zeit es wallt
Das Dasein der kleinen Menschenwesen
Welche mit ungestümer Kraft und Gewalt
Drängen nach vorn, doch können nicht lesen

Können nicht lesen, wollen nicht sehen
Was Zeit ihnen in den Weg gestellt
Mauern, die nicht einfach sind zu umgehen
Und zu durchbrechen wie es gefällt

Die Jahre halten die Wesen allzeit auf
Oder rinnen ihnen durch die dünnen Finger
Unbeeindruckt gehen sie ihren Lauf
Wie, wo und wann auch immer.

02.01.2007

Mit dem Wind

Neulich am Gestade der Welt
Stand ich und lauschte hinaus
Hinaus, dem Wind, wie's ihm gefällt
Braust er, tagein und tagaus
Und kein Mensch, noch Schätze, noch Geld
Finden seine Wege heraus

Der Wind erzählt mir von Ferne
Von Orten, wo er schon gewesen
Damit meine Fantasie lerne
Mehr zu sein, als pures Wesen
Und ach, wie möchte ich gerne
Ihm folgen, in seinen Spur'n lesen

Sein Lied flüstert, braust und singt
Es tobt und säuselt zugleich
Wolken wie Berge von fern her bringt
Und Regen das Land wässert reich
Nach dem Guss die Sonn' unbedingt
Und ein Regenbogen – ohne Vergleich!

Mit meinem Haar lass ich ihn spielen
Er zerrt mir an Mantel und Bart
Er will mich führen zu fernsten Zielen
Und zu Neuem, das dort aufgebahrt
Ich will, wie alle, die ihm verfielen
Auch gehen auf die große Fahrt

Den Liedern zu folgen, gesungen vom Wind
Geschrieben in Noten aus Luft
Sein Ruf mich lockt, mein Herz gewinnt
Der salzige, freigeist'ge Duft
Bevor die Zeit mir vollends verrinnt
Der Wind ist's der mich ruft!

So folg ich dem Wind und den Wellen
Hinaus, der Kurs: Gradewohl
Wenn auch die Wege am Ende zerschellen
Und wenn auch das Meer mich holt:
Ich folge den Winden, sanften wie schnellen
Denn sie tragen auch mein „Lebewohl"

08.08.2016